Impressum
Verlag: BABADADA GmbH, Nedderfeld 112 , 22529 Hamburg
Geschäftsführer / Verlagsleitung: Harald Hof
Druck: Books on Demand GmbH, In de Tarpen 42, 22848 Norderstedt

Imprint
Publisher: BABADADA GmbH, Nedderfeld 112 , 22529 Hamburg, Germany
Managing Director / Publishing direction: Harald Hof
Print: Books on Demand GmbH, In de Tarpen 42, 22848 Norderstedt

school
σχολείο

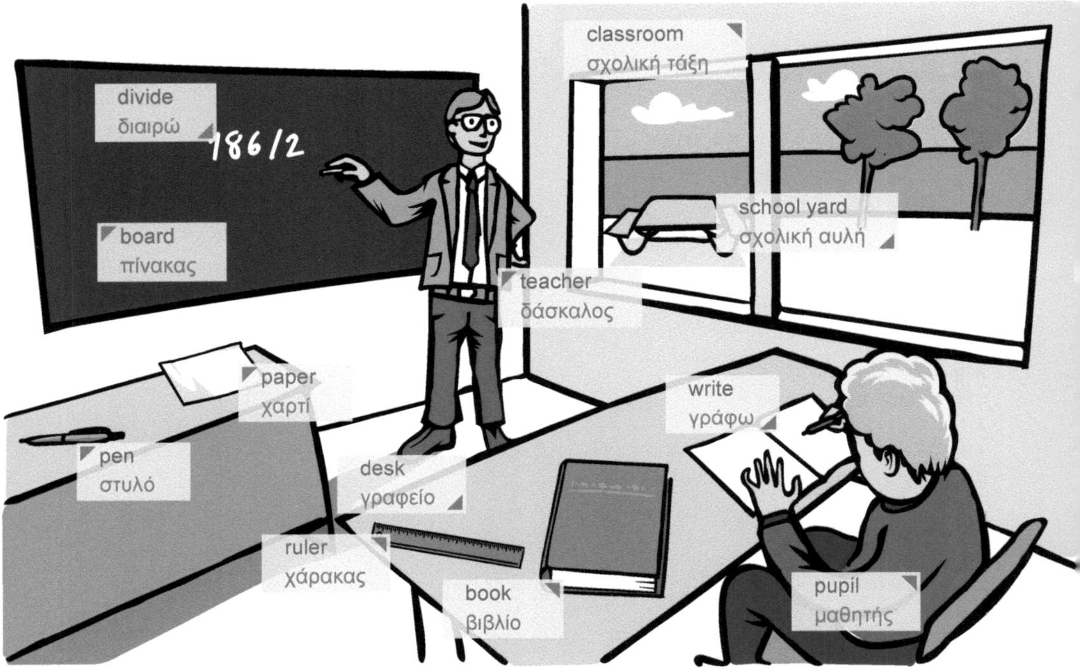
classroom
σχολική τάξη
divide
διαιρώ
186/2
board
πίνακας
school yard
σχολική αυλή
teacher
δάσκαλος
paper
χαρτί
write
γράφω
pen
στυλό
desk
γραφείο
ruler
χάρακας
book
βιβλίο
pupil
μαθητής

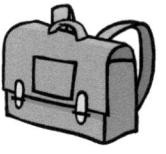

satchel
σχολική τσάντα

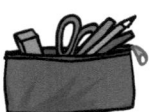

pencil case
κασετίνα/ μολυβοθήκη

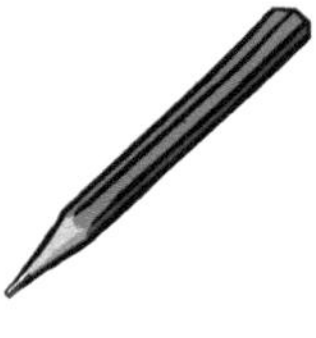

pencil
μολύβι

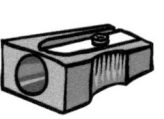

pencil sharpener
ξύστρα

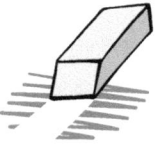

rubber
γόμα

drawing pad
μπλοκ ζωγραφικής

drawing
ζωγραφική

paintbrush
πινέλο

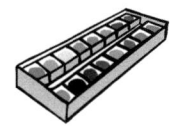

paint box
κουτί χρωμάτων

scissors
ψαλίδι

glue
κόλλα

exercise book
τετράδιο ασκήσεων

homework
εργασία για το σπίτι

number
αριθμός

add
προσθέτω

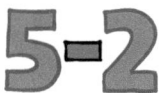

subtract
αφαιρώ

multiply
πολλαπλασιάζω

calculate
υπολογίζω

letter
γράμμα

alphabet
αλφάβητο

word
λέξη

text

κείμενο

read

διαβάζω

chalk

κιμωλία

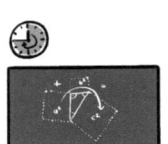

lesson

μάθημα

register

εγγράφομαι

exam

τεστ

certificate

πιστοποιητικό

school uniform

μαθητική στολή

education

εκπαίδευση

encyclopedia

εγκυκλοπαίδεια

university

πανεπιστήμιο

microscope

μικροσκόπιο

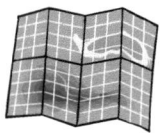

map

χάρτης

waste-paper basket

καλάθι αχρήστων

travel
ταξίδι

hotel
ξενοδοχείο
Grand
hostel
ξενώνας
ROOMS
CHANGE
bureau de change
ανταλλακτήρια συναλλάγματος
car
αυτοκίνητο

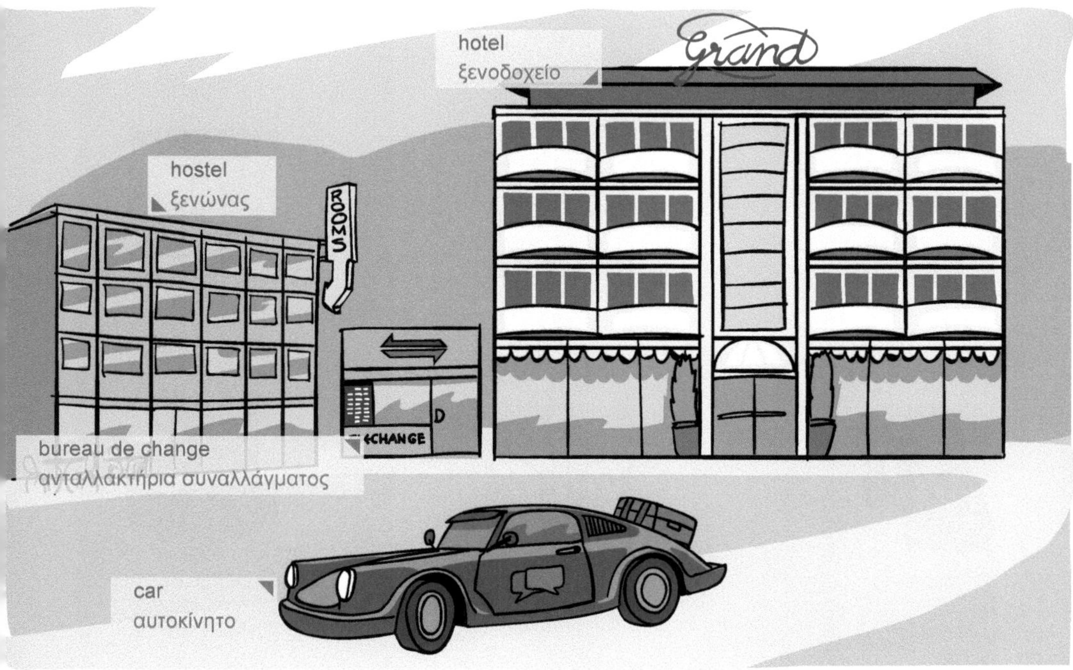

language

γλώσσα

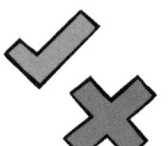

yes / no

ναι / όχι

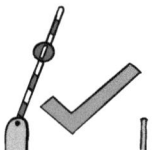

Okay

εντάξει

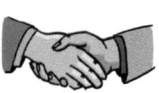

hello

γεια σου

translator

μεταφραστής

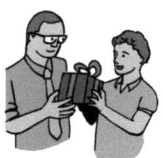

Thank you

Ευχαριστώ

how much is...?

πόσο κάνει ;

I do not understand

Δε καταλαβαίνω

problem

πρόβλημα

Good evening!

Καλησπέρα!

Good morning!

Καλημέρα!

Good night!

Καληνύχτα!

bye bye

Αντίο

direction

κατεύθυνση

luggage

αποσκευές

bag

τσάντα

backpack

σακίδιο πλάτης

guest

καλεσμένος

room

δωμάτιο

sleeping bag

υπνόσακος

tent

σκηνή

tourist information

τουριστικές πληροφορίες

beach

παραλία

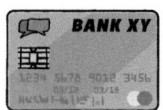

credit card

πιστωτική κάρτα

breakfast

πρωινό

lunch

μεσημεριανό

dinner

δείπνο

ticket

εισιτήριο

lift

ανελκυστήρας

stamp

γραμματόσημο

border

σύνορα

customs

τελωνείο

embassy

πρεσβεία

visa

βίζα

passport

διαβατήριο

transport
μεταφορά

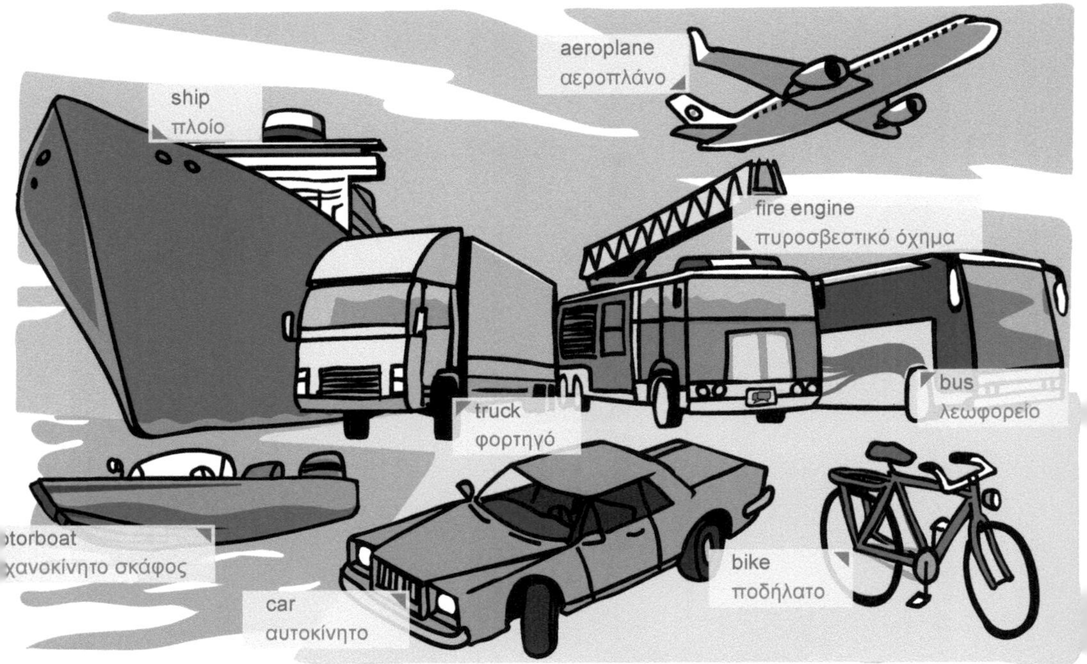
aeroplane
αεροπλάνο
ship
πλοίο
fire engine
πυροσβεστικό όχημα
truck
φορτηγό
bus
λεωφορείο
torboat
χανοκίνητο σκάφος
car
αυτοκίνητο
bike
ποδήλατο

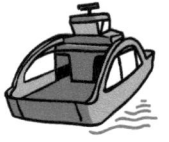

ferry

φεριμπότ

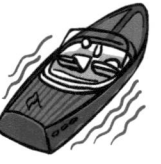

boat

βάρκα

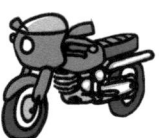

motorbike

μοτοσικλέτα

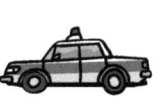

police car

περιπολικό

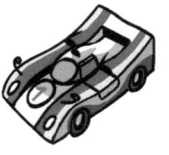

racing car

αγωνιστικό αυτοκίνητο

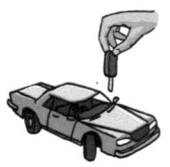

rental car

ενοικιαζόμενο αυτοκίνητο

car sharing

διαμοιρασμός αυτοκινήτων

breakdown truck

γερανός

refuse truck

απορριμματοφόρο

motor

κινητήρας

fuel

καύσιμο

petrol station

βενζινάδικο

traffic sign

πινακίδα σήμανσης

traffic

κυκλοφορία

traffic jam

κυκλοφοριακή συμφόρηση

car park

χώρος στάθμευσης

train station

σιδηροδρομικός σταθμός

tracks

σιδηροδρομικές γραμμές

train

τρένο

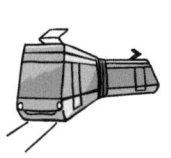

tram

τραμ

carriage

βαγόνι

helicopter

ελικόπτερο

airport

αεροδρόμιο

tower

πύργος

passenger

επιβάτης

container

εμπορευματοκιβώτιο

carton

χαρτοκιβώτιο

cart

καρότσι

basket

καλάθι

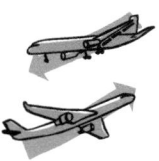

take off / land

απογειώνομαι /
προσγειόνομαι

city

πόλη

village

χωριό

city centre

κέντρο της πόλης

house

σπίτι

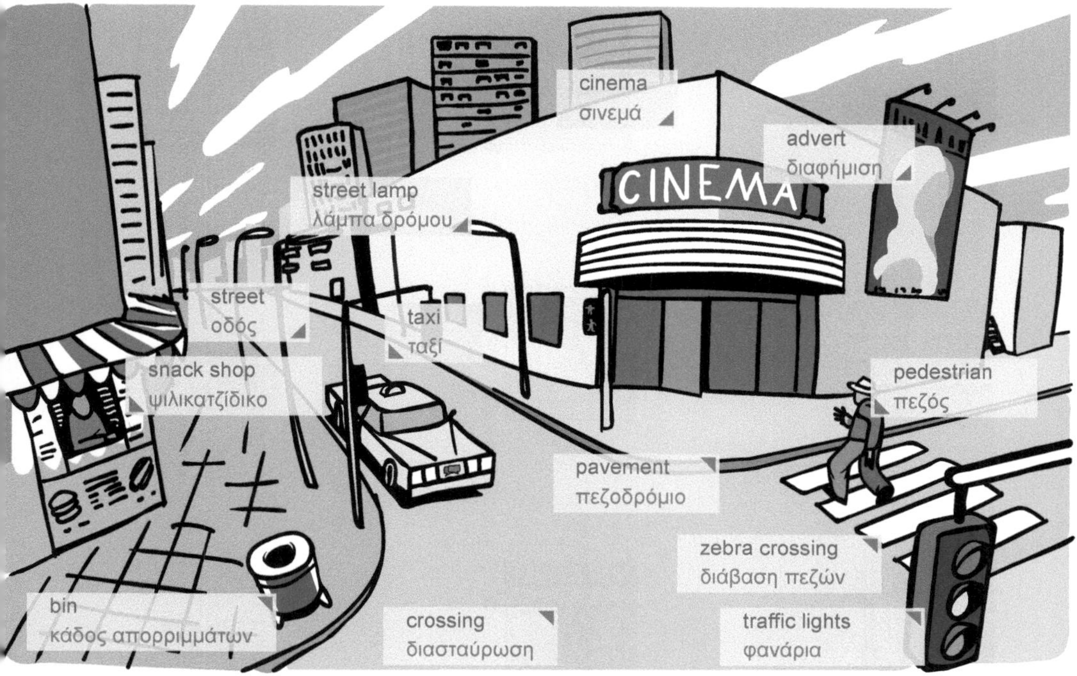

cinema
σινεμά

advert
διαφήμιση

street lamp
λάμπα δρόμου

CINEMA

street
οδός

taxi
ταξί

snack shop
ψιλικατζίδικο

pedestrian
πεζός

pavement
πεζοδρόμιο

zebra crossing
διάβαση πεζών

bin
κάδος απορριμμάτων

crossing
διασταύρωση

traffic lights
φανάρια

hut

καλύβα

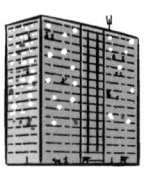

flat

διαμέρισμα

train station

σιδηροδρομικός σταθμός

town hall

δημαρχείο

museum

μουσείο

school

σχολείο

university

πανεπιστήμιο

bank

τράπεζα

hospital

νοσοκομείο

hotel

ξενοδοχείο

pharmacy

φαρμακείο

office

γραφείο

book shop

βιβλιοπωλείο

shop

κατάστημα

florist's

ανθοπωλείο

supermarket

σούπερ μάρκετ

market

αγορά

department store

πολυκατάστημα

fishmonger's

ιχθυοπωλείο

shopping centre

εμπορικό κέντρο

harbour

λιμάνι

city - πόλη

park

πάρκο

bench

παγκάκι

bridge

γέφυρα

stairs

σκάλες

underground

μετρό

tunnel

τούνελ

bus stop

στάση λεωφορείου

bar

μπαρ

restaurant

εστιατόριο

postbox

γραμματοκιβώτιο

street sign

πινακίδα δρόμου

parking meter

παρκόμετρο

zoo

ζωολογικός κήπος

swimming pool

πισίνα

mosque

τζαμί

farm

αγρόκτημα

pollution

ρύπανση

graveyard

νεκροταφείο

church

εκκλησία

playground

παιδική χαρά

temple

ναός

landscape

τοπίο

signpost
πινακίδα κατεύθυνσης

way
δρόμος

meadow
λιβάδι

stone
πέτρα

tree
δέντρο

hiker
πεζοπόρος

river
ποτάμι

grass
χορτάρι

flower
λουλούδι

valley

κοιλάδα

hill

λόφος

lake

λίμνη

forest

δάσος

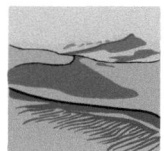

desert

έρημος

volcano

ηφαίστειο

castle

κάστρο

rainbow

ουράνιο τόξο

mushroom

μανιτάρι

palm tree

φοίνικας

mosquito

κουνούπι

fly

μύγα

ant

μυρμήγκι

bee

μέλισσα

spider

αράχνη

beetle

σκαθάρι

frog

βάτραχος

squirrel

σκίουρος

hedgehog

σκαντζόχοιρος

hare

λαγός

owl

κουκουβάγια

bird

πουλί

swan

κύκνος

boar

αγριογούρουνο

deer

ελάφι

moose

άλκη

dam

φράγμα

wind turbine

ανεμογεννήτρια

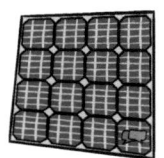

solar panel

ηλιακός συλλέκτης

climate

κλίμα

landscape - τοπίο

restaurant
εστιατόριο

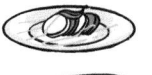

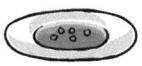

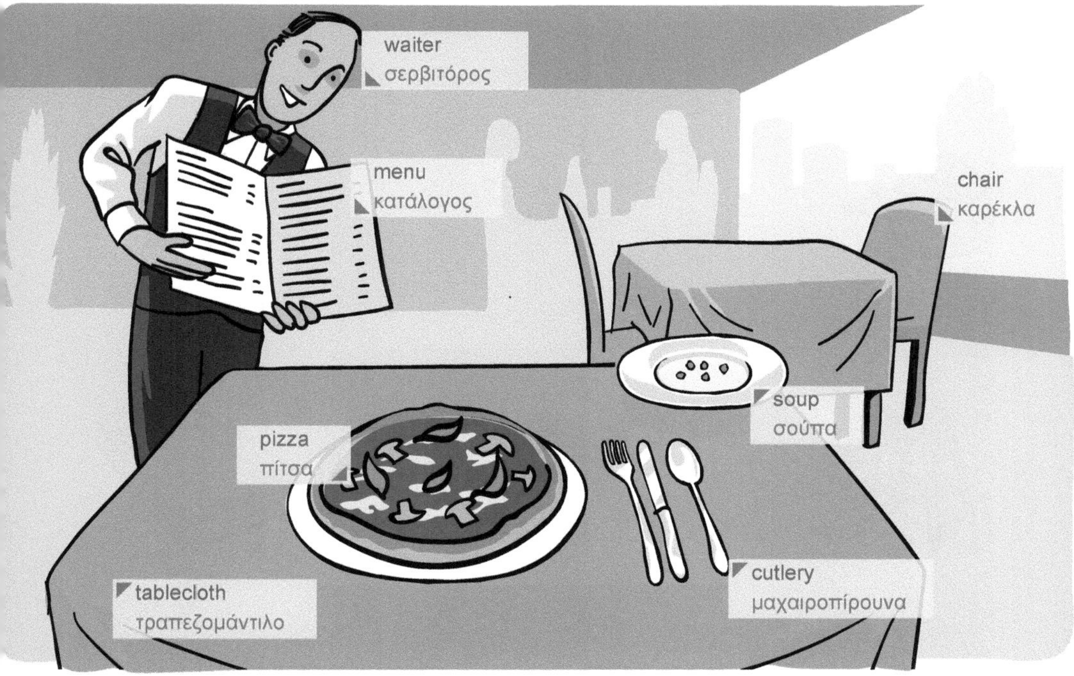

waiter
σερβιτόρος
menu
κατάλογος
chair
καρέκλα
soup
σούπα
pizza
πίτσα
cutlery
μαχαιροπίρουνα
tablecloth
τραπεζομάντιλο

starter

ορεκτικό

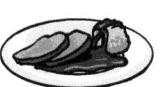

main course

κύριο πιάτο

dessert

επιδόρπιο

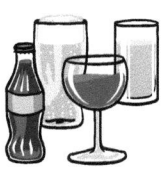

drinks

ποτά

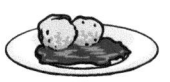

food

φαγητό

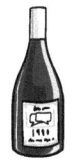

bottle

μπουκάλι

fast food

φαστ φουντ

street food

φαγητό στ' όρθιο

teapot

τσαγιέρα

sugar bowl

δοχείο ζάχαρης

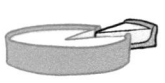

portion

μερίδα

espresso machine

μηχανή εσπρέσο

high chair

ψηλή καρέκλα

bill

λογαριασμός

tray

δίσκος

knife

μαχαίρι

fork

πιρούνι

spoon

κουτάλι

teaspoon

κουταλάκι του τσαγιού

serviette

πετσέτα φαγητού

glass

ποτήρι

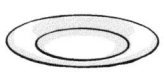

plate

πιάτο

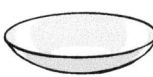

soup plate

πιάτο σούπας

saucer

πιατάκι φλιτζανιού

sauce

σάλτσα

salt pot

αλατιέρα

pepper mill

μύλος για πιπέρι

vinegar

ξύδι

oil

λάδι

spices

μπαχαρικά

ketchup

κέτσαπ

mustard

μουστάρδα

mayonnaise

μαγιονέζα

supermarket
σούπερ μάρκετ

special offer
προσφορά
FOR
customer
πελάτης
dairy
γαλακτοκομικά προϊόντα
fruit
φρούτα
trolley
καρότσι για ψώνια

BUTCHERS

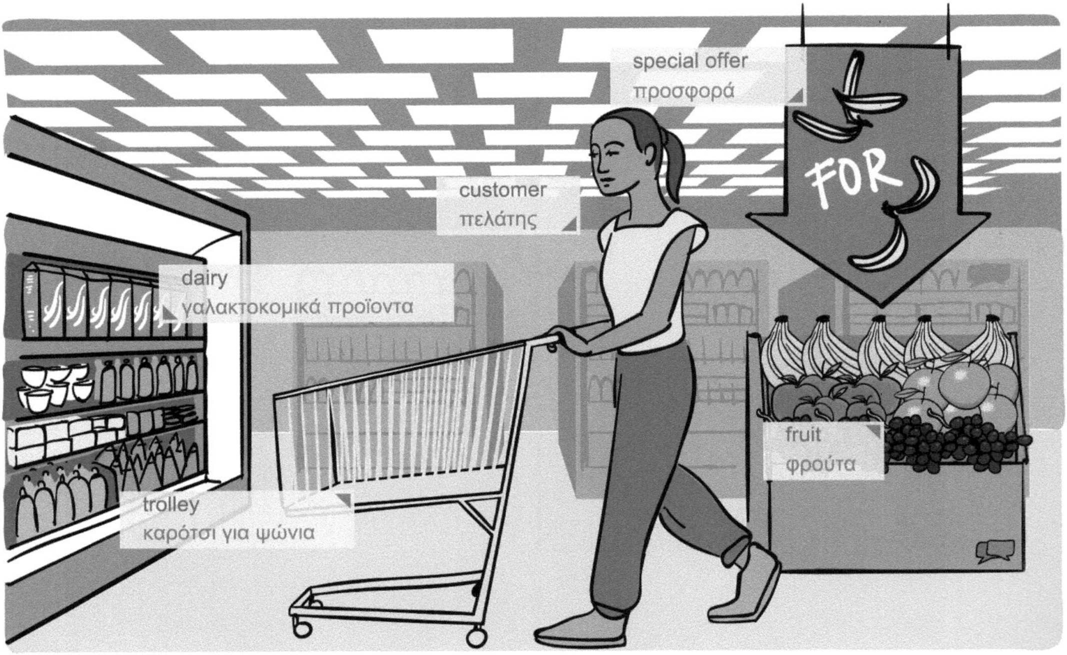

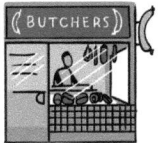

butcher´s
κρεοπωλείο

BAKERY

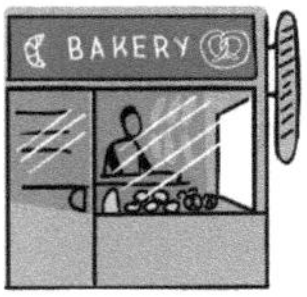

baker´s
φούρνος

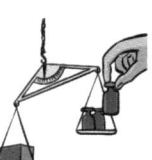

weigh
ζυγίζω

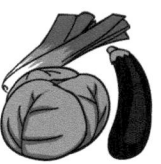

vegetables
λαχανικά

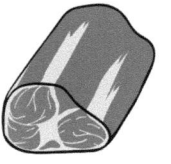

meat
κρέας

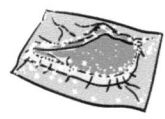

frozen food
κατεψυγμένα τρόφιμα

cold meat

αλλαντικά

tinned food

κονσερβοποιημένη τροφή

washing powder

απορρυπαντικό ρούχων

sweets

γλυκά

household products

οικιακά είδη

cleaning products

καθαριστικά προϊόντα

salesperson

πωλήτρια

till

ταμείο

cashier

ταμίας

shopping list

λίστα για ψώνια

opening hours

ωράριο λειτουργίας

wallet

πορτοφόλι

credit card

πιστωτική κάρτα

bag

τσάντα

plastic bag

πλαστική σακούλα

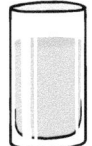

water

νερό

juice

χυμός

milk

γάλα

coke

κόκα κόλα

wine

κρασί

beer

μπίρα

alcohol

αλκοόλ

cocoa

κακάο

tea

τσάι

coffee

καφές

espresso

εσπρέσο

cappuccino

καπουτσίνο

banana

μπανάνα

apple

μήλο

orange

πορτοκάλι

melon

πεπόνι

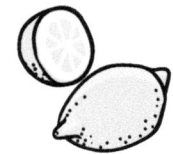

lemon

λεμόνι

carrot

καρότο

garlic

σκόρδο

bamboo

μπαμπού

onion

κρεμμύδι

mushroom

μανιτάρι

nuts

ξηροί καρποί

noodles

νουντλς

spaghetti

μακαρόνια

rice

ρύζι

salad

σαλάτα

chips

πατατάκια

fried potatoes

τηγανητές πατάτες

pizza

πίτσα

hamburger

χάμπουργκερ

sandwich

σάντουιτς

cutlet

κοτολέτα

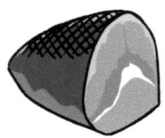

ham

ζαμπόν

salami

σαλάμι

sausage

λουκάνικο

chicken

κοτόπουλο

roast

ψητό

fish

ψάρι

porridge oats

χυλός βρώμης

muesli

μούσλι

cornflakes

κορν φλέικς

flour

αλεύρι

croissant

κρουασάν

bread roll

ψωμάκι

bread

ψωμί

toast

τοστ

biscuits

μπισκότα

butter

βούτυρο

curd

τυρόπηγμα

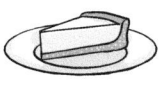

cake

κέικ

egg

αυγό

fried egg

τηγανητό αυγό

cheese

τυρί

ice cream

παγωτό

sugar

ζάχαρη

honey

μέλι

jam

μαρμελάδα

chocolate spread

άλλειμμα σοκολάτας

curry

κάρυ

goat	cow	calf
κατσίκα	αγελάδα	μοσχαράκι

pig	piglet	bull
γουρούνι	γουρουνάκι	ταύρος

goose

χήνα

duck

πάπια

chick

κοτοπουλάκι

hen

κότα

cock

κόκορας

rat

αρουραίος

cat

γάτα

mouse

ποντίκι

ox

βόδι

dog

σκύλος

doghouse

σπιτάκι σκύλου

garden hose

λάστιχο κήπου

watering can

ποτιστήρι

scythe

θεριστήρι

plough

αλέτρι

sickle

δρεπάνι

hoe

τσάπα

pitchfork

δίκρανο

axe

τσεκούρι

wheelbarrow

χειράμαξα

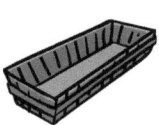

trough

ταΐστρα

milk can

δοχείο γάλακτος

sack

σάκος

fence

φράχτης

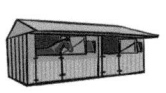

stable

στάβλος

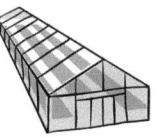

greenhouse

θερμοκήπιο

soil

έδαφος

seed

σπόρος

fertilizer

λίπασμα

combine harvester

θεριζοαλωνιστική μηχανή

farm - αγρόκτημα

harvest
θερίζω

harvest
συγκομιδή

yams
γιαμς

wheat
σιτάρι

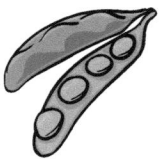

soy
σόγια

potato
πατάτα

corn
καλαμπόκι

rapeseed
κράμβη

fruit tree
οπωροφόρο δέντρο

cassava
μανιόκα

cereals
δημητριακά

living room

σαλόνι

bathroom

μπάνιο

kitchen

κουζίνα

bedroom

υπνοδωμάτιο

child's room

παιδικό δωμάτιο

dining room

τραπεζαρία

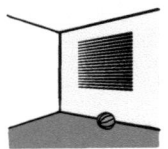

floor

πάτωμα

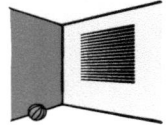

wall

τοίχος

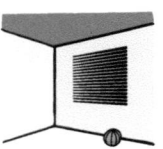

ceiling

οροφή

cellar

κελάρι

sauna

σάουνα

balcony

μπαλκόνι

terrace

βεράντα

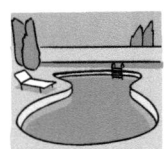

pool

πισίνα

lawn mower

μηχανή του γκαζόν

sheet

σεντόνι

bedspread

κάλυμμα κρεβατιού

bed

κρεβάτι

broom

σκούπα

bucket

κουβάς

switch

διακόπτης

living room
σαλόνι

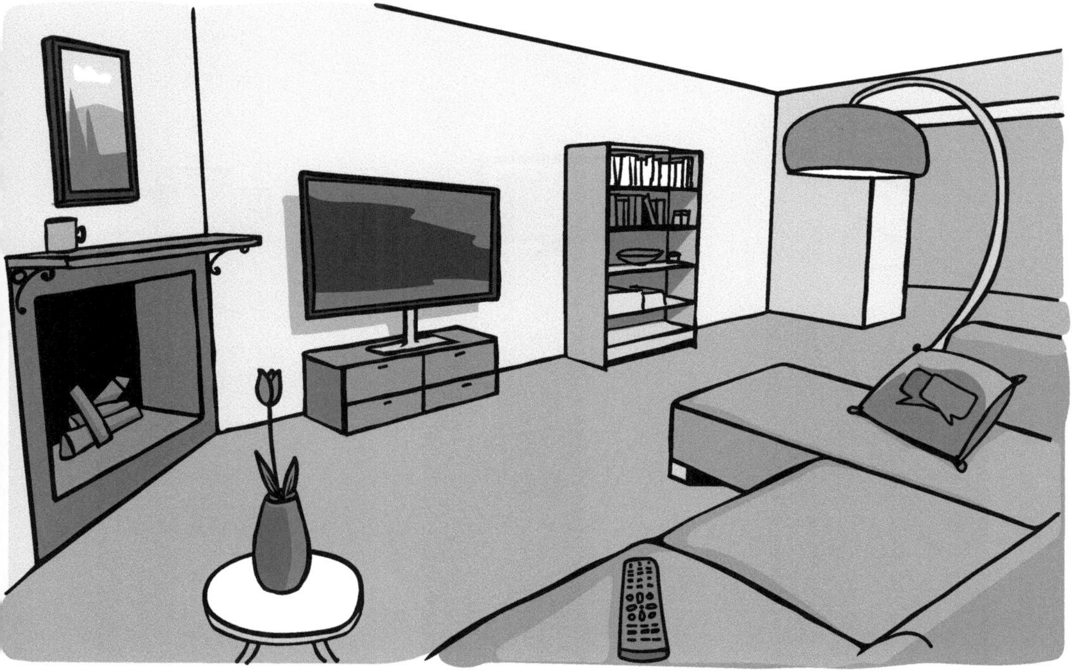

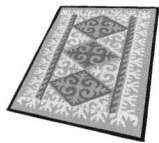

carpet

χαλί

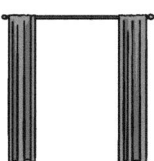

curtain

κουρτίνα

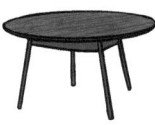

table

τραπέζι

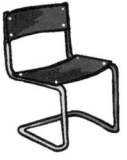

chair

καρέκλα

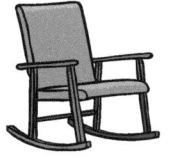

rocking chair

κουνιστή πολυθρόνα

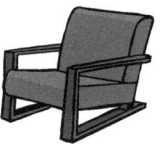

armchair

πολυθρόνα

book

βιβλίο

blanket

κουβέρτα

decoration

διακόσμηση

firewood

καυσόξυλα

film

ταινία

hi-fi equipment

στερεοφωνικό σύστημα

key

κλειδί

newspaper

εφημερίδα

painting

πίνακας ζωγραφικής

poster

αφίσα

radio

ραδιόφωνο

notepad

σημειωματάριο

hoover

ηλεκτρική σκούπα

cactus

κάκτος

candle

κερί

kitchen
κουζίνα

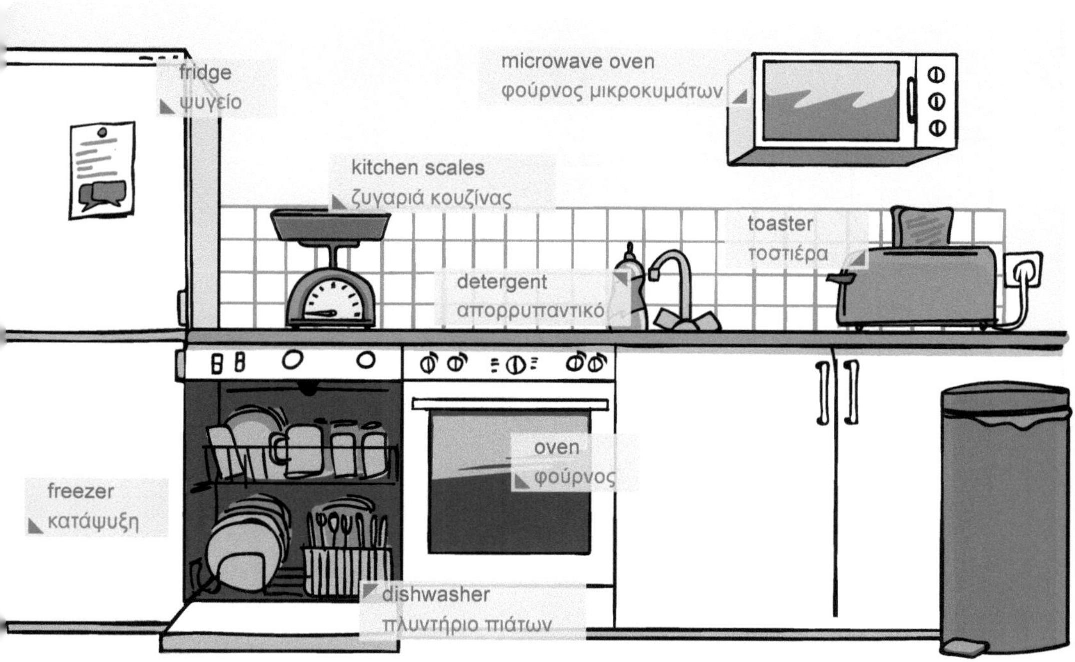

fridge
ψυγείο
microwave oven
φούρνος μικροκυμάτων
kitchen scales
ζυγαριά κουζίνας
toaster
τοστιέρα
detergent
απορρυπαντικό
oven
φούρνος
freezer
κατάψυξη
dishwasher
πλυντήριο πιάτων

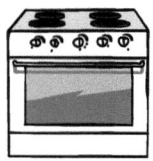

cooker

κουζίνα

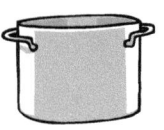

pot

κατσαρόλα

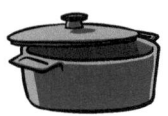

cast-iron pot

μαντεμένια κατσαρόλα

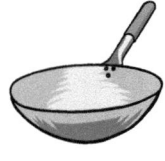

wok / kadai

γουόκ/καντάι

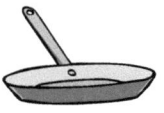

pan

τηγάνι

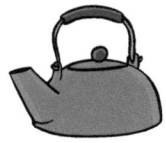

kettle

βραστήρας

steamer

ατμομάγειρας

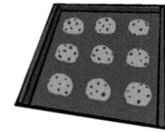

baking tray

ταψί

crockery

πιατικά

mug

κούπα

bowl

μπολ

chopsticks

ξυλάκια

ladle

κουτάλα

spatula

σπάτουλα

whisk

ανακατεύω

strainer

σουρωτήρι

sieve

σουρωτηράκι

grater

τρίφτης

mortar

γουδί

barbecue

ψησταριά

open fire

ανοιχτή φωτιά

chopping board

σανίδα κοπής

rolling pin

πλάστης

corkscrew

ανοιχτήρι φελλών

can

κονσέρβα

can opener

ανοιχτήρι κονσέρβας

pot holder

γάντι φούρνου

sink

νεροχύτης

brush

βούρτσα

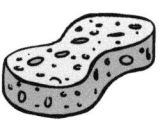

sponge

σφουγγάρι

blender

μπλέντερ

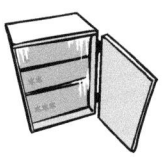

deep freezer

καταψύκτης

baby bottle

μπιμπερό

tap

βρύση

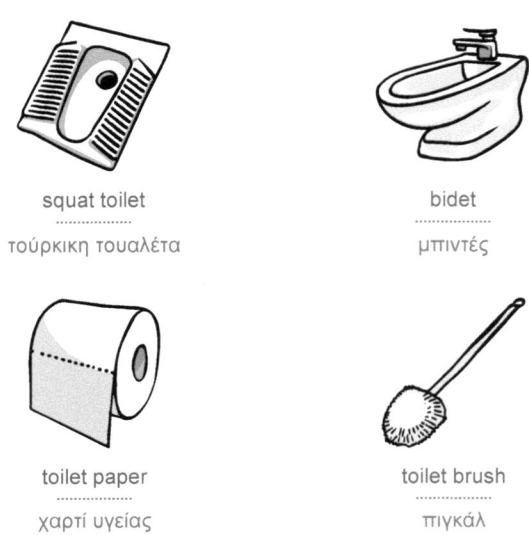

bathroom

μπάνιο

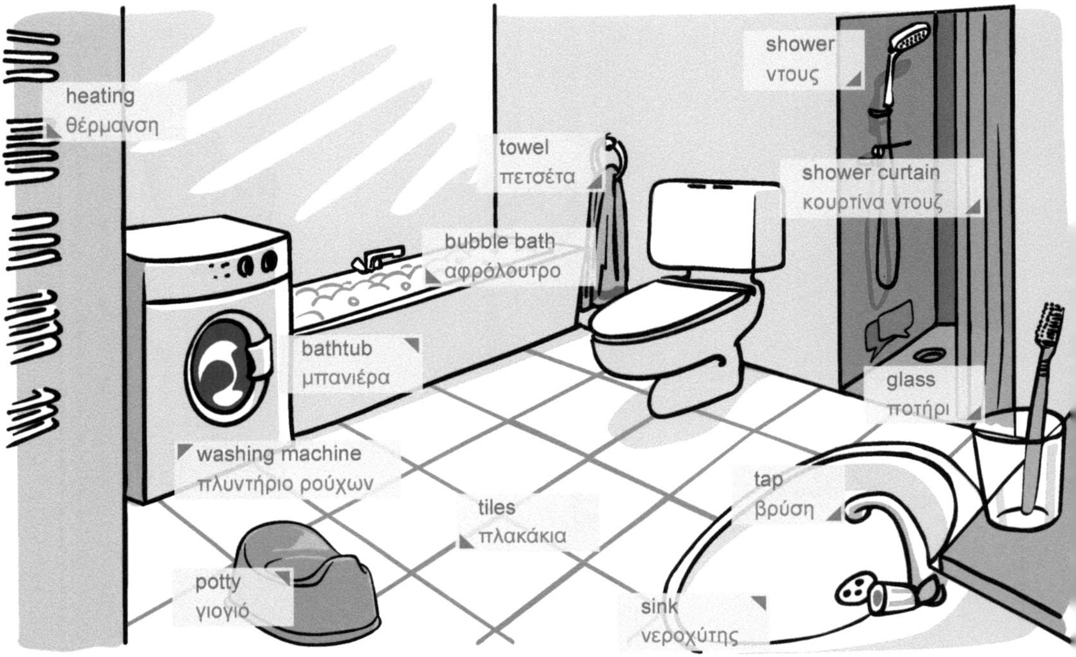
shower
ντους
heating
θέρμανση
towel
πετσέτα
shower curtain
κουρτίνα ντουζ
bubble bath
αφρόλουτρο
bathtub
μπανιέρα
glass
ποτήρι
washing machine
πλυντήριο ρούχων
tap
βρύση
tiles
πλακάκια
potty
γιογιό
sink
νεροχύτης

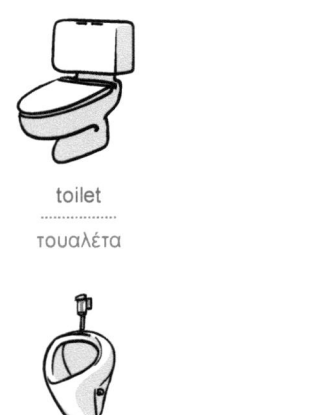

toilet

τουαλέτα

squat toilet

τούρκικη τουαλέτα

bidet

μπιντές

urinal

ουρητήριο

toilet paper

χαρτί υγείας

toilet brush

πιγκάλ

toothbrush

οδοντόβουρτσα

toothpaste

οδοντόκρεμα

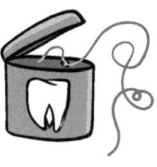

dental floss

οδοντικό νήμα

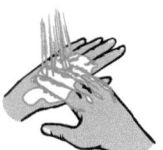

wash

πλένω

handheld shower

τηλέφωνο ντους

douche

ντουσιέρα

basin

λεκάνη

back brush

βούρτσα πλάτης

soap

σαπούνι

shower gel

αφρόλουτρο

shampoo

σαμπουάν

flannel

φανέλα

drain

σιφόνι

cream

κρέμα

deodorant

αποσμητικό

mirror

καθρέφτης

hand mirror

καθρέφτης χειρός

razor

ξυραφάκι

shaving foam

αφρός ξυρίσματος

aftershave

αφτερσέιβ

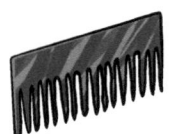

comb

χτένα

brush

βούρτσα

hair dryer

σεσουάρ

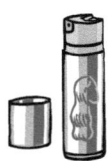

hairspray

λακ

makeup

μακιγιάζ

lipstick

κραγιόν

nail varnish

βερνίκι νυχιών

cotton wool

βαμβάκι

nail scissors

ψαλίδι νυχιών

perfume

άρωμα

washbag

νεσεσέρ

stool

σκαμπό

weighing scale

ζυγαριά

bathrobe

μπουρνούζι

rubber gloves

ελαστικά γάντια

tampon

ταμπόν

sanitary towel

πετσέτα υγιεινής

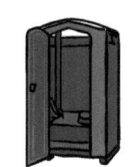

chemical toilet

χημική τουαλέτα

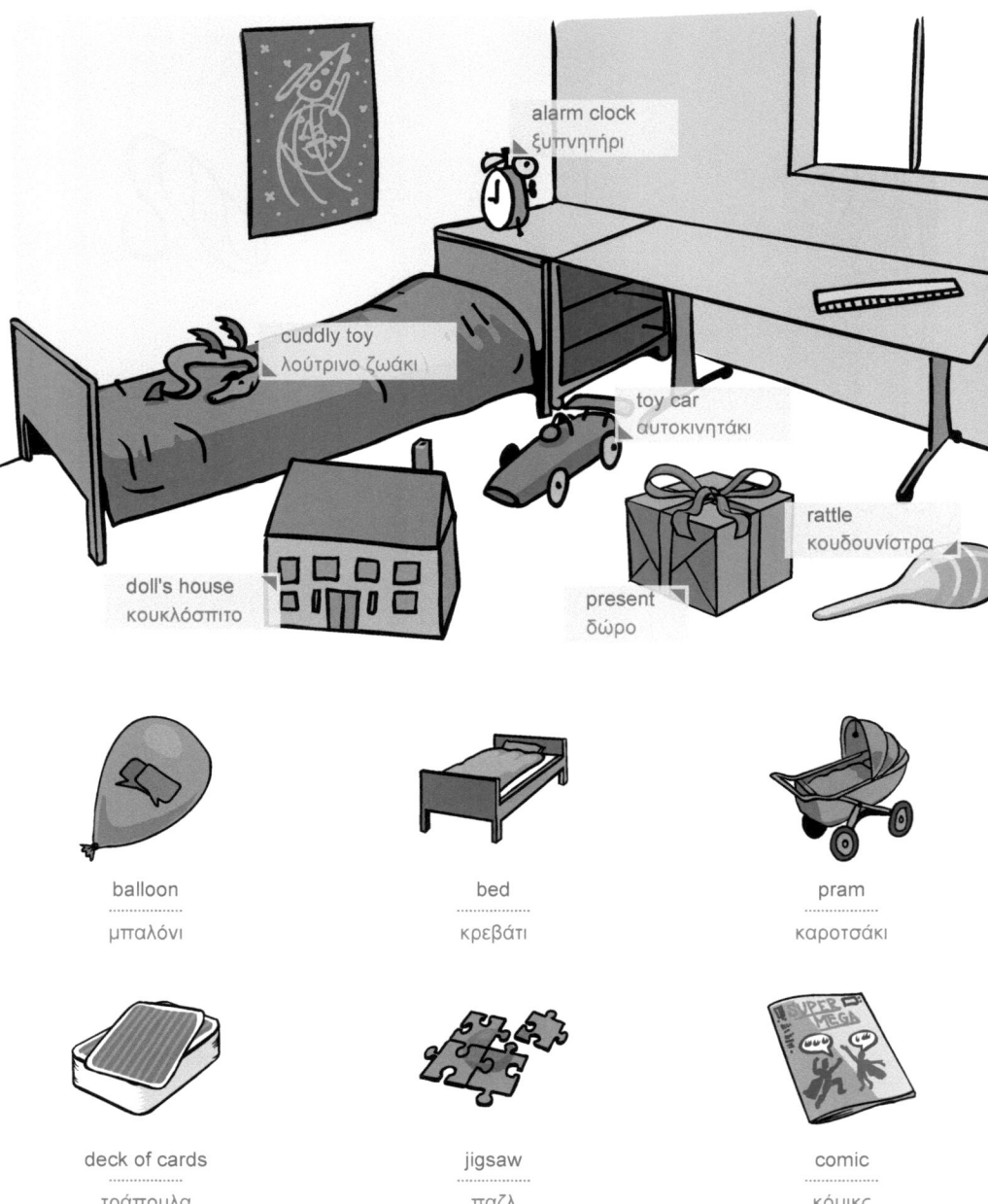

alarm clock
ξυπνητήρι

cuddly toy
λούτρινο ζωάκι

toy car
αυτοκινητάκι

rattle
κουδουνίστρα

doll's house
κουκλόσπιτο

present
δώρο

balloon
μπαλόνι

bed
κρεβάτι

pram
καροτσάκι

deck of cards
τράπουλα

jigsaw
παζλ

comic
κόμικς

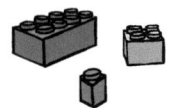

lego bricks

τουβλάκια lego

building blocks

τουβλάκια κατασκευών

action figure

φιγούρα δράσης

babygrow

βρεφικό φορμάκι

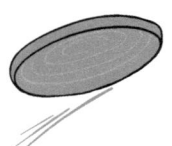

frisbee

φρίσμπι

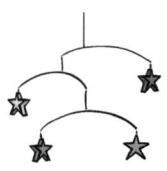

mobile

μόμπιλο

board game

επιτραπέζιο παιχνίδι

dice

ζάρια

model train set

σετ τρενάκι

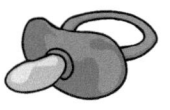

dummy

πιπίλα

party

πάρτι

picture book

εικονογραφημένο βιβλίο

ball

μπάλα

doll

κούκλα

play

παίζω

sandpit

σκάμμα με άμμο

swing

κούνια

toys

παιχνίδια

video game console

κονσόλα βιντεοπαιχνιδιών

tricycle

τρίκυκλο

teddy bear

αρκουδάκι

wardrobe

ντουλάπα

clothing

ρούχα

socks

κάλτσες

stockings

καλτσοδέτες

tights

καλσόν

scarf
κασκόλ

umbrella
ομπρέλα

t-shirt
μπλουζάκι

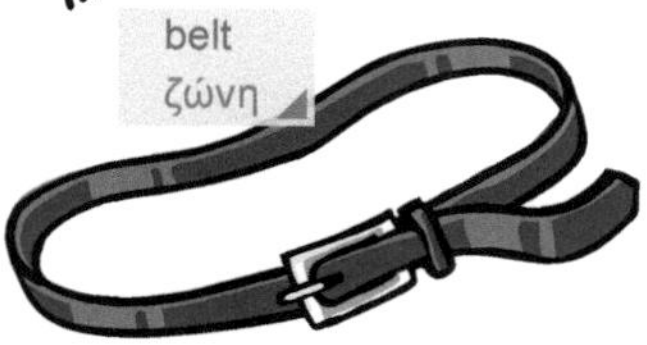

belt
ζώνη

boots
μπότες

slippers
παντόφλες

trainers
αθλητικά παπούτσια

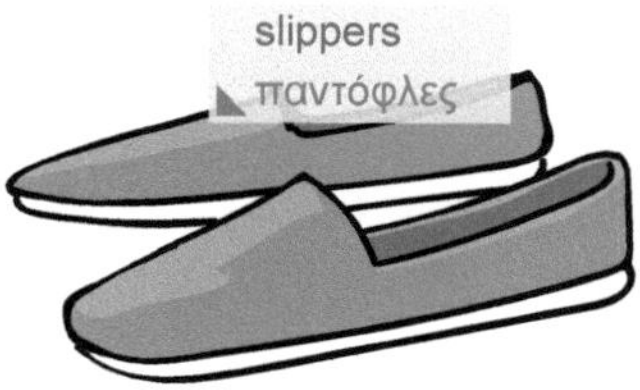

sandals
σανδάλια

shoes
παπούτσια

rubber boots
γαλότσες

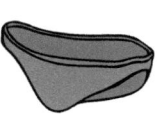

underpants
εσώρουχο

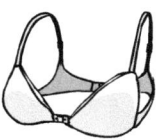

bra
σουτιέν

vest
φανέλα

clothing - ρούχα

body
σώμα

trousers
παντελόνι

jeans
τζιν παντελόνι

skirt
φούστα

blouse
μπλούζα

shirt
πουκάμισο

pullover
πουλόβερ

hoodie
πουλόβερ

blazer
σακάκι

jacket
μπουφάν

coat
παλτό

raincoat
αδιάβροχο πανωφόρι

costume
κοστούμι

dress
φόρεμα

wedding dress
νυφικό

suit
κοστούμι

nightgown
νυχτικό

pyjamas
πιτζάμες

sari
σάρι

headscarf
μαντήλι

turban
τουρμπάνι

burqa
μπούρκα

kaftan
καφτάνι

abaya
μουσουλμανικό ένδυμα

swimsuit
ολόσωμο μαγιό

trunks
ανδρικό μαγιό

shorts
σορτς

tracksuit
αθλητική φόρμα

apron
ποδιά

gloves
γάντια

button

κουμπί

glasses

γυαλιά

bracelet

βραχιόλι

necklace

περιδέραιο

ring

δαχτυλίδι

earring

σκουλαρίκι

cap

καπέλο

coat hanger

κρεμάστρα

hat

καπέλο

tie

γραβάτα

zip

φερμουάρ

helmet

κράνος

braces

τιράντες

school uniform

μαθητική στολή

uniform

στολή

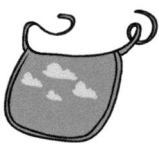

bib

σαλιάρα

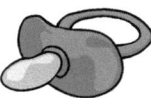

dummy

πιπίλα

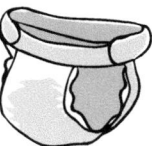

nappy

πάνα

office
γραφείο

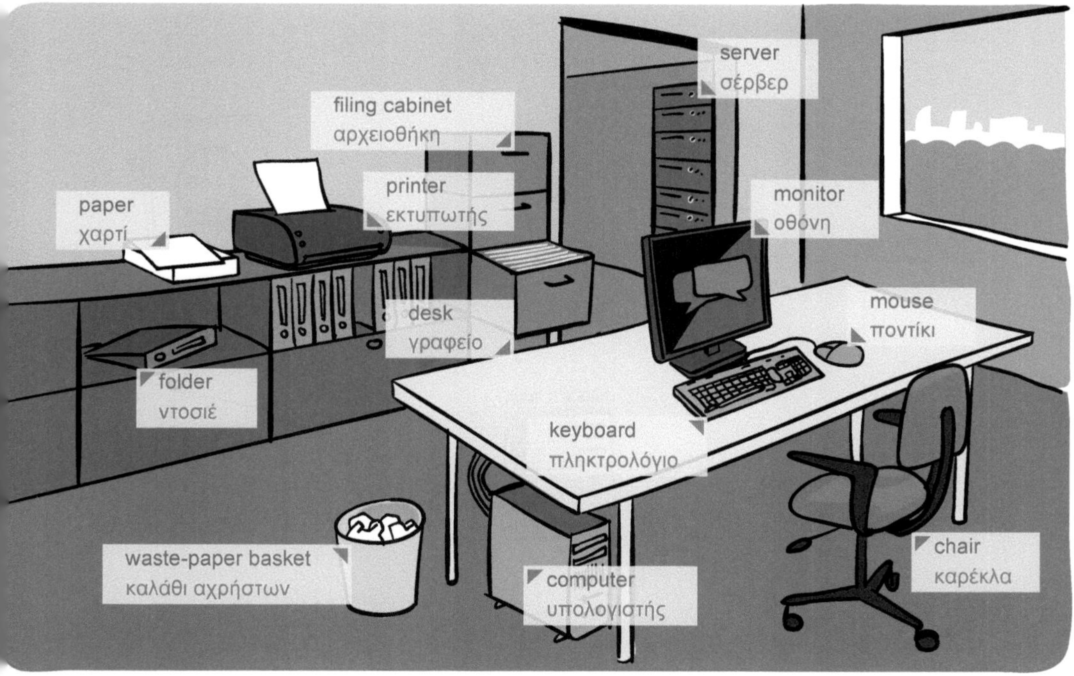

server
σέρβερ
filing cabinet
αρχειοθήκη
printer
εκτυπωτής
paper
χαρτί
monitor
οθόνη
mouse
ποντίκι
desk
γραφείο
folder
ντοσιέ
keyboard
πληκτρολόγιο
waste-paper basket
καλάθι αχρήστων
computer
υπολογιστής
chair
καρέκλα

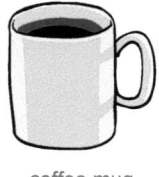

coffee mug

κούπα του καφέ

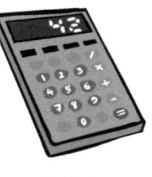

calculator

κομπιουτεράκι

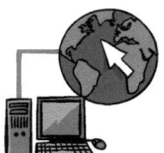

internet

ίντερνετ

laptop

λάπτοπ

letter

γράμμα

message

μήνυμα

mobile

κινητό

network

δίκτυο

photocopier

φωτοτυπικό μηχάνημα

software

λογισμικό

telephone

τηλέφωνο

plug socket

πρίζα

fax machine

συσκευή φαξ

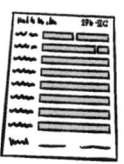

form

έντυπο

document

έγγραφο

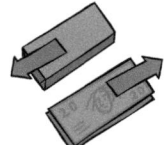

buy

αγοράζω

pay

πληρώνω

trade

συναλλάσσομαι

money

χρήματα

 USD

dollar

δολάριο

 EUR

euro

ευρώ

JPY

yen

γιεν

RUB

rouble

ρούβλι

CHF

Swiss franc

ελβετικό φράγκο

CNY

renminbi yuan

ρενμίνμπι γιουάν

INR

rupee

ρουπία

cashpoint

ATM (αυτόματη ταμειακή μηχανή)

bureau de change

ανταλλακτήρια
συναλλάγματος

gold

χρυσός

silver

ασήμι

oil

πετρέλαιο

energy

ενέργεια

price

τιμή

contract

συμβόλαιο

tax

φόρος

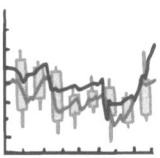

stock

μετοχή

work

δουλεύω

employee

υπάλληλος

employer

εργοδότης

factory

εργοστάσιο

shop

κατάστημα

occupations
επαγγέλματα

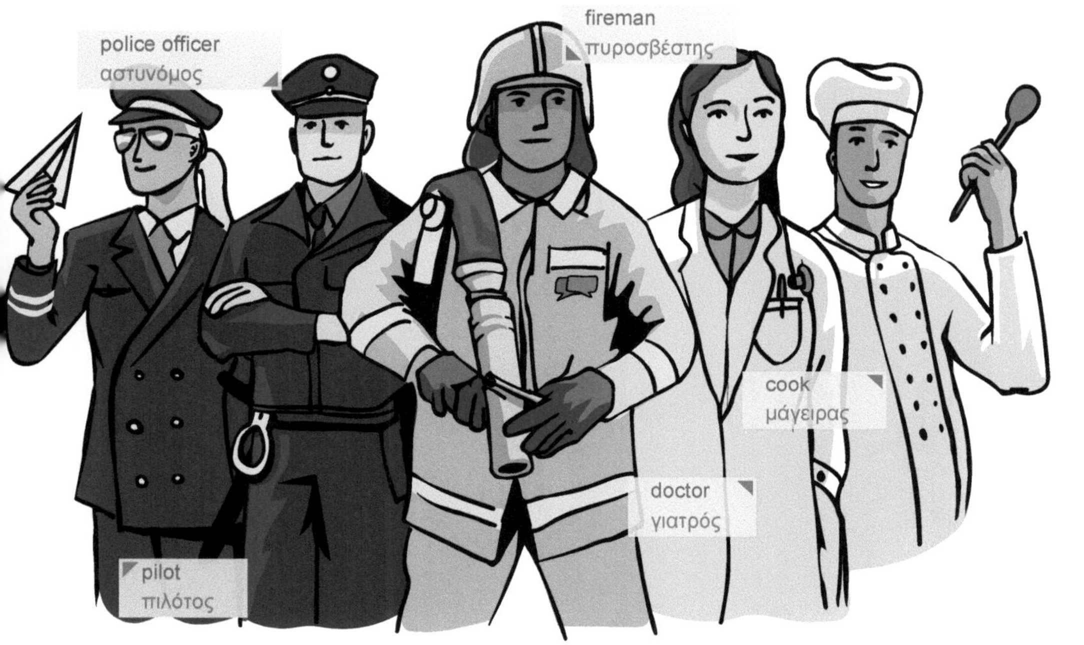

police officer
αστυνόμος
fireman
πυροσβέστης
cook
μάγειρας
doctor
γιατρός
pilot
πιλότος

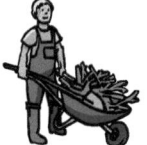

gardener

κηπουρός

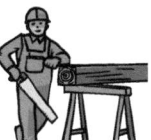

carpenter

ξυλουργός

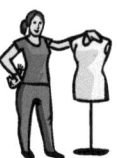

seamstress

μοδίστρα

judge

δικαστής

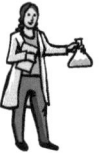

chemist

χημικός

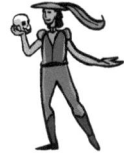

actor

ηθοποιός

bus driver

οδηγός λεωφορείου

taxi driver

ταξιτζής

fisherman

ψαράς

cleaning lady

καθαρίστρια

roofer

τεχνίτης στεγών

waiter

σερβιτόρος

hunter

κυνηγός

painter

ζωγράφος

baker

αρτοποιός

electrician

ηλεκτρολόγος

builder

οικοδόμος

engineer

μηχανολόγος

butcher

κρεοπώλης

plumber

υδραυλικός

postman

ταχυδρόμος

occupations - επαγγέλματα

soldier

στρατιώτης

architect

αρχιτέκτονας

cashier

ταμίας

florist

ανθοπώλης

hairdresser

κομμωτής

conductor

ελεγκτής εισιτηρίων

mechanic

μηχανικός

captain

καπετάνιος

dentist

οδοντίατρος

scientist

επιστήμονας

rabbi

ραβίνος

imam

ιμάμης

monk

μοναχός

clergyman

ιερέας

tools
εργαλεία

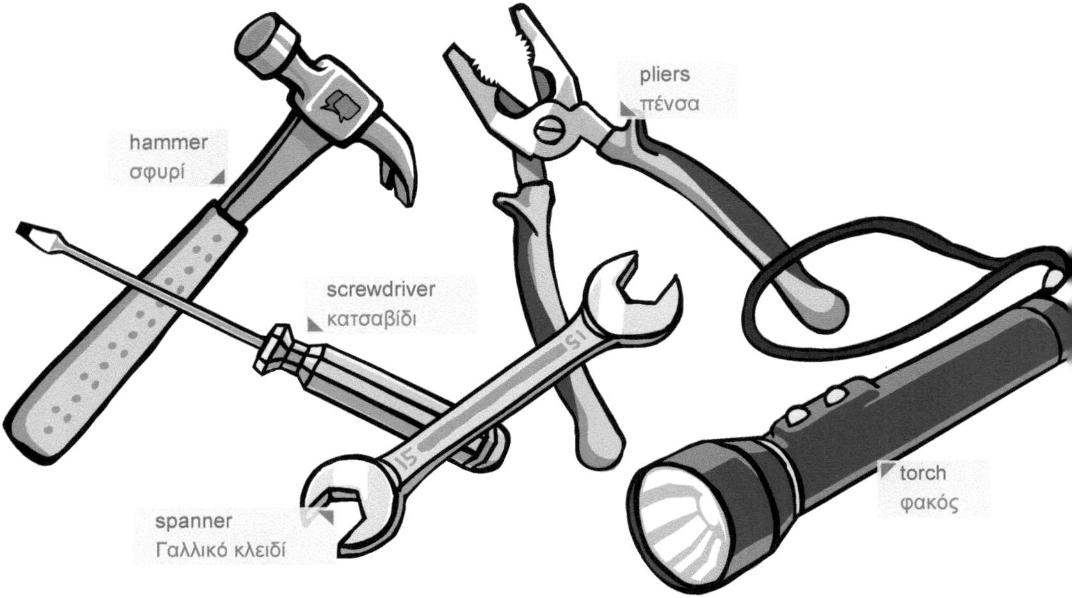
hammer
σφυρί
pliers
πένσα
screwdriver
κατσαβίδι
torch
φακός
spanner
Γαλλικό κλειδί

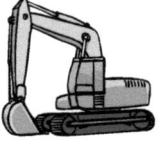

digger

εκσκαφέας

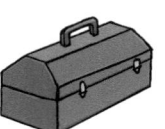

toolbox

εργαλειοθήκη

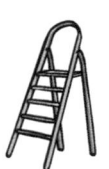

ladder

σκάλα

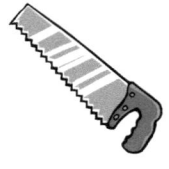

saw

πριόνι

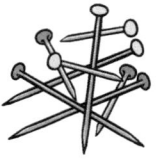

nails

καρφιά

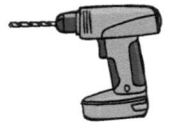

drill

τρυπάνι

repair
επισκευάζω

shovel
φτυάρι

Damn!
Να πάρει!

dustpan
φαράσι

paint pot
δοχείο χρωμάτων

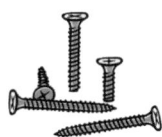

screws
βίδες

musical instruments
μουσικά όργανα

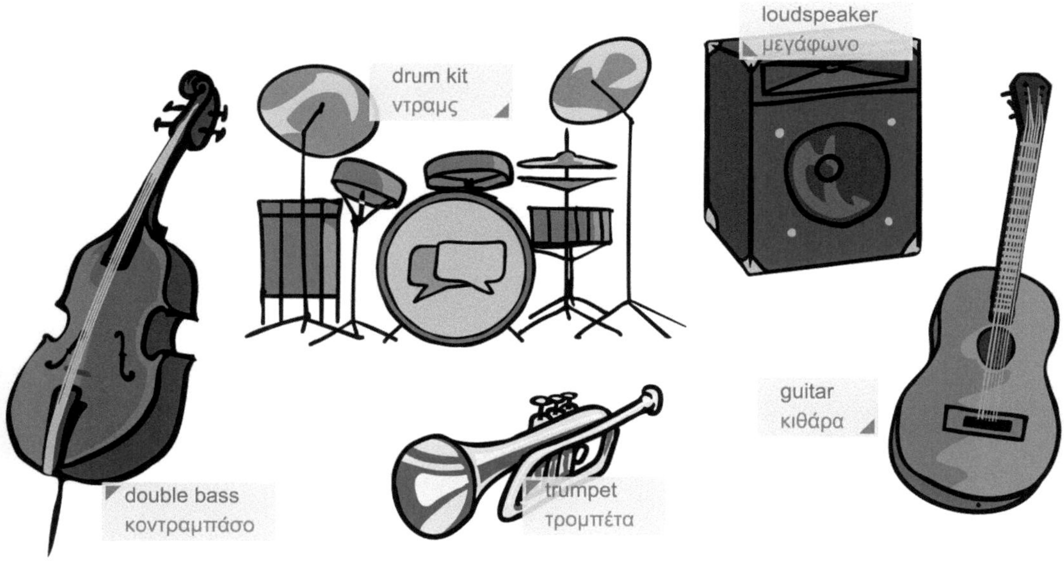

drum kit
ντραμς

loudspeaker
μεγάφωνο

guitar
κιθάρα

double bass
κοντραμπάσο

trumpet
τρομπέτα

piano

πιάνο

violin

βιολί

bass

μπάσο

timpani

τύμπανα

drums

τύμπανο

keyboard

πλήκτρα

saxophone

σαξόφωνο

flute

φλάουτο

microphone

μικρόφωνο

ζωολογικός κήπος

entrance
είσοδος

tiger
τίγρης

cage
κλουβί

zebra
ζέβρα

animal feed
ζωοτροφή

panda
πάντα

animals

ζώα

elephant

ελέφαντας

kangaroo

καγκουρό

rhino

ρινόκερος

gorilla

γορίλας

bear

αρκούδα

camel

καμήλα

ostrich

στρουθοκάμηλος

lion

λιοντάρι

monkey

πίθηκος

flamingo

φλαμίνγκο

parrot

παπαγάλος

polar bear

πολική αρκούδα

penguin

πιγκουίνος

shark

καρχαρίας

peacock

παγώνι

snake

φίδι

crocodile

κροκόδειλος

zookeeper

φύλακας ζωολογικού κήπου

seal

φώκια

jaguar

τζάγκουαρ

pony

πόνυ

leopard

λεοπάρδαλη

hippo

ιπποπόταμος

giraffe

καμηλοπάρδαλη

eagle

αετός

boar

αγριογούρουνο

fish

ψάρι

turtle

χελώνα

walrus

θαλάσσιος ίππος

fox

αλεπού

gazelle

γαζέλα

American football
Αμερικάνικο ποδόσφαιρο

cycling
ποδηλασία

tennis
αντισφαίριση

basketball
μπάσκετ

swimming
κολύμβηση

boxing
πυγχαμία

ice hockey
χόκεϋ επί πάγου

football

ποδόσφαιρο

badminton

μπάντμιντον

athletics

στίβος

handball

χάντμπολ

skiing

σκι

polo

πόλο

laugh
γελάω

jump
πηδάω

hug
αγκαλιάζω

walk
περπατάω

sing
τραγουδάω

dream
ονειρεύομαι

pray
προσεύχομαι

kiss
φιλάω

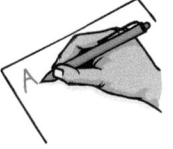

write
γράφω

draw
σχεδιάζω

show
δείχνω

push
πιέζω

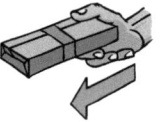

give
δίνω

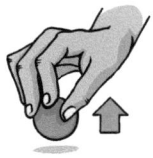

take
παίρνω

have

έχω

do

κάνω

be

είμαι

stand

στέκομαι

run

τρέχω

pull

τραβάω

throw

ρίχνω

fall

πέφτω

lie

ξαπλώνω

wait

περιμένω

carry

κουβαλώ

sit

κάθομαι

get dressed

φοράω

sleep

κοιμάμαι

wake up

ξυπνάω

look at

κοιτάω

cry

κλαίω

stroke

χαϊδεύω

comb

χτενίζω

talk

μιλάω

understand

καταλαβαίνω

ask

ρωτάω

listen

ακούω

drink

πίνω

eat

τρώω

tidy up

συγυρίζω

love

αγαπάω

cook

μαγειρεύω

drive

οδηγώ

fly

πετάω

sail

κάνω ιστιοπλοΐα

calculate

υπολογίζω

read

διαβάζω

learn

μαθαίνω

work

δουλεύω

marry

παντρεύομαι

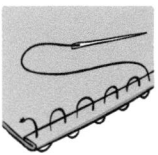

sew

ράβω

brush teeth

βουρτσίζω τα δόντια

kill

σκοτώνω

smoke

καπνίζω

send

στέλνω

family
οικογένεια

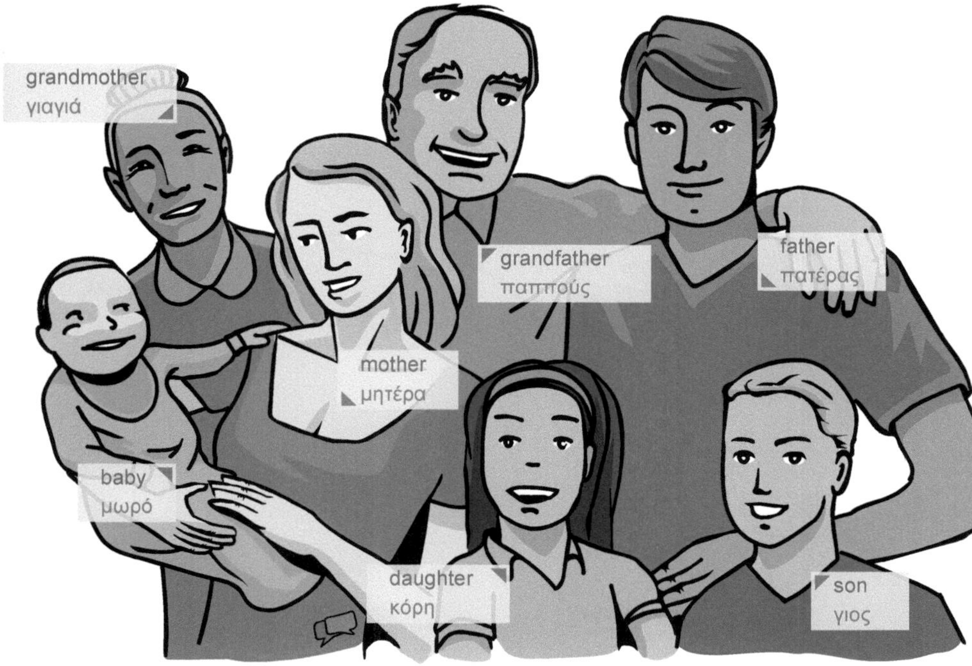
grandmother
γιαγιά
grandfather
παππούς
father
πατέρας
mother
μητέρα
baby
μωρό
daughter
κόρη
son
γιος

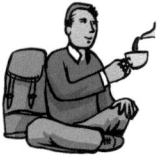

guest

καλεσμένος

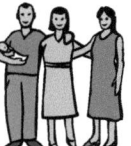

aunt

θεία

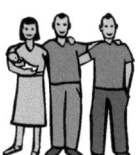

uncle

θείος

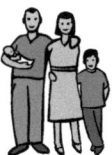

brother

αδελφός

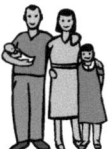

sister

αδελφή

body

σώμα

forehead
μέτωπο
eye
μάτι
shoulder
ώμος
finger
δάχτυλο
face
πρόσωπο
chin
πιγούνι
hand
χέρι
leg
πόδι
breast
στήθος
arm
βραχίονας

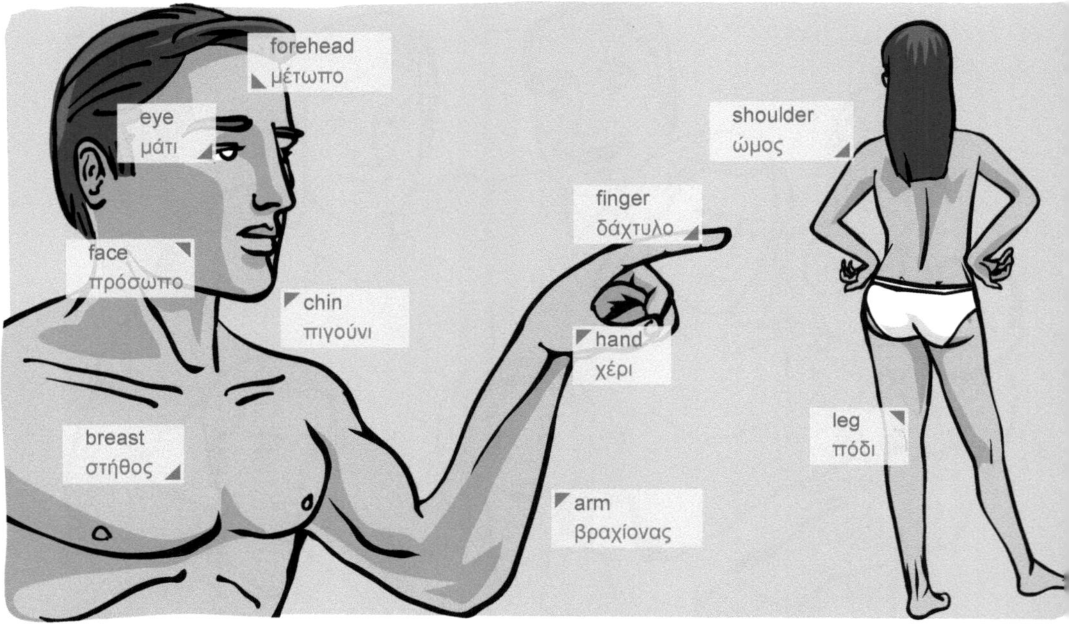

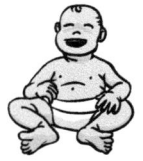

baby

μωρό

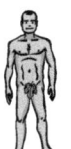

man

άνδρας

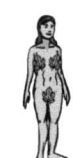

woman

γυναίκα

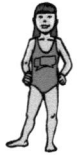

girl

κορίτσι

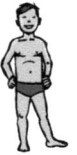

boy

αγόρι

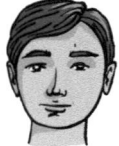

head

κεφάλι

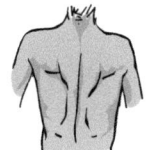

back

πλάτη

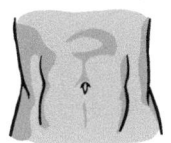

belly

κοιλιά

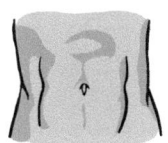

belly button

αφαλός

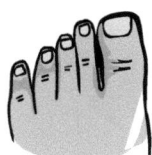

toe

δάχτυλο ποδιού

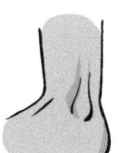

heel

φτέρνα

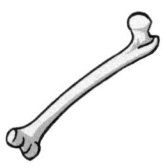

bone

κόκκαλο

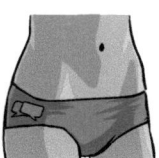

hip

γοφός

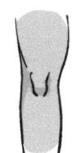

knee

γόνατο

elbow

αγκώνας

nose

μύτη

bottom

γλουτός

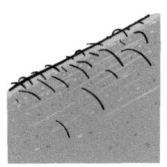

skin

δέρμα

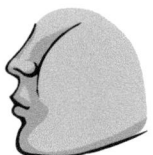

cheek

μάγουλο

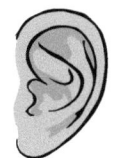

ear

αυτί

lip

χείλος

mouth

στόμα

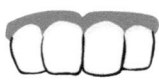

tooth

δόντι

tongue

γλώσσα

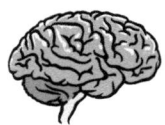

brain

εγκέφαλος

heart

καρδιά

muscle

μυς

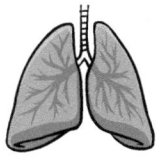

lung

πνεύμονας

liver

συκώτι

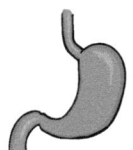

stomach

στομάχι

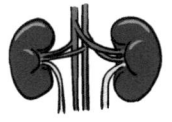

kidneys

νεφρά

sex

σεξουαλική επαφή

condom

προφυλακτικό

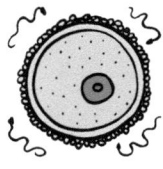

ovum

ωάριο

semen

σπέρμα

pregnancy

εγκυμοσύνη

body - σώμα

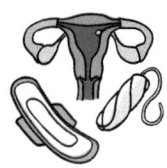

menstruation

περίοδος

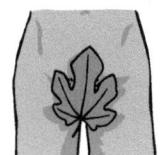

vagina

γυναικείος κόλπος

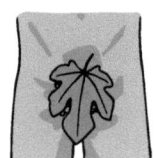

penis

πέος

eyebrow

φρύδι

hair

μαλλιά

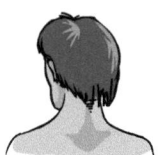

neck

λαιμός

hospital
νοσοκομείο

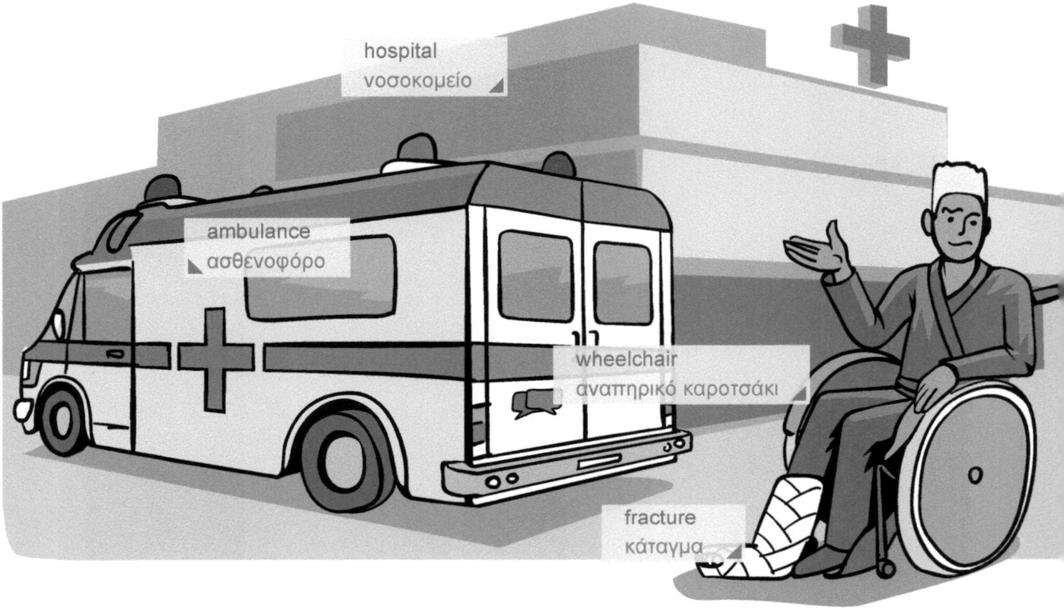

hospital
νοσοκομείο
ambulance
ασθενοφόρο
wheelchair
αναπηρικό καροτσάκι
fracture
κάταγμα

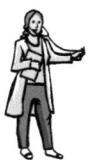

doctor

γιατρός

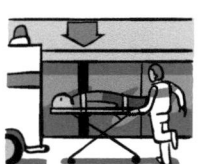

emergency room

μονάδα εντατικής θεραπείας

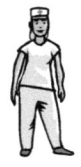

nurse

νοσοκόμα

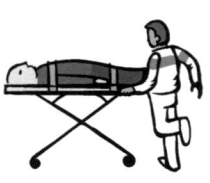

emergency

έκτακτη ανάγκη

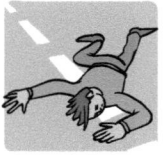

unconscious

λιπόθυμος

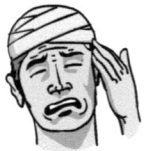

pain

πόνος

injury
τραύμα

bleeding
αιμορραγία

heart attack
έμφραγμα

stroke
εγκεφαλικό

allergy
αλλεργία

cough
βήχας

fever
πυρετός

flu
γρίπη

diarrhoea
διάρροια

headache
πονοκέφαλος

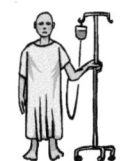

cancer
καρκίνος

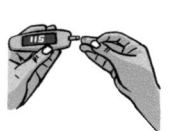

diabetes
διαβήτης

surgeon
χειρουργός

scalpel
νυστέρι

operation
εγχείρηση

hospital - νοσοκομείο

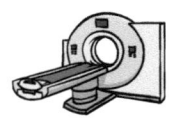

CT

αξονική τομογραφία

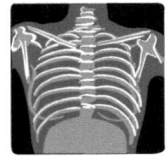

x-ray

ακτινογραφία

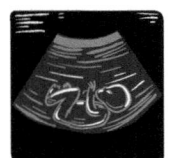

ultrasound

υπέρηχος

face mask

μάσκα

disease

ασθένεια

waiting room

αίθουσα αναμονής

crutch

πατερίτσα

plaster

χάνσαπλαστ

bandage

επίδεσμος

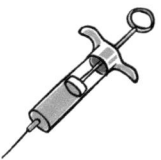

injection

ένεση

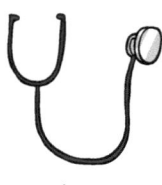

stethoscope

στηθοσκόπιο

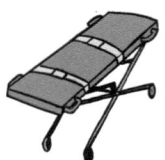

stretcher

φορείο

clinical thermometer

θερμόμετρο

birth

γέννηση

overweight

υπέρβαρο

hospital - νοσοκομείο

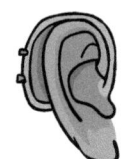

hearing aid

ακουστικό βαρηκοΐας

disinfectant

αντισηπτικό

infection

λοίμωξη

virus

ιός

HIV / AIDS

HIV/AIDS

medicine

φάρμακο

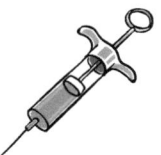

vaccination

εμβολιασμός

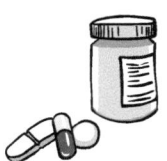

tablets

δισκία

pill

χάπι

emergency call

κλήση έκτακτης ανάγκης

blood pressure monitor

πιεσόμετρο αίματος

ill / healthy

άρρωστος / υγιής

Help!
Βοήθεια!

alarm
συναγερμός

assault
βιαιοπραγία

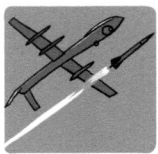

attack
επίθεση

danger
κίνδυνος

emergency exit
έξοδος κινδύνου

Fire!
Φωτιά!

fire extinguisher
πυροσβεστήρας

accident
ατύχημα

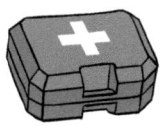

first-aid kit
κουτί πρώτων βοηθειών

SOS
SOS

police
αστυνομία

Europe

Ευρώπη

North America

Βόρεια Αμερική

South America

Νότια Αμερική

Africa

Αφρική

Asia

Ασία

Australia

Αυστραλία

Atlantic

Ατλαντικός Ωκεανός

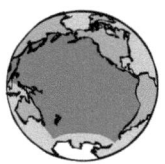

Pacific

Ειρηνικός Ωκεανός

Indian Ocean

Ινδικός Ωκεανός

Antarctic Ocean

Ανταρκτικός Ωκεανός

Arctic Ocean

Αρκτικός Ωκεανός

North Pole

Βόρειος Πόλος

South Pole

Νότιος Πόλος

Antarctica

Ανταρκτική

Earth

Γη

land

γη

sea

θάλασσα

island

νησί

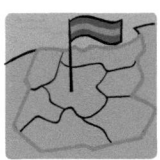

nation

έθνος

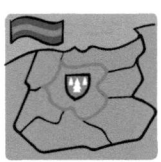

state

πολιτεία

clock face

καντράν ρολογιού

hour hand

ωροδείκτης

minute hand

λεπτοδείκτης

second hand

δείκτης δευτερολέπτων

What time is it?

Τι ώρα είναι;

day

ημέρα

time

χρόνος

now

τώρα

digital watch

ψηφιακό ρολόι

minute

λεπτό

hour

ώρα

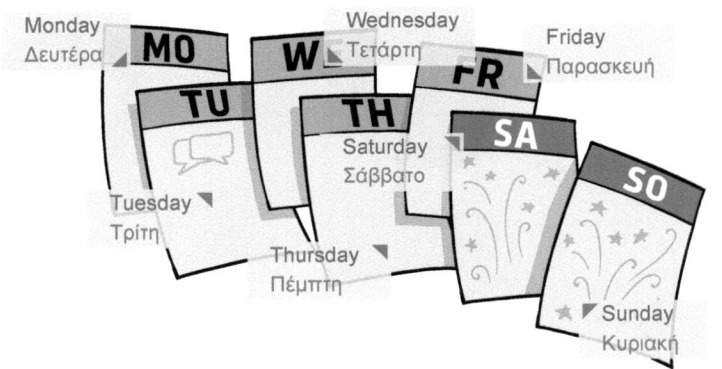

yesterday

χθες

today

σήμερα

tomorrow

αύριο

morning

πρωί

noon

μεσημέρι

evening

βράδυ

MO	TU	WE	TH	FR	SA	SU
1	2	3	4	5	6	7
8	9	10	11	12	13	14
15	16	17	18	19	20	21
22	23	24	25	26	27	28
29	30	31	1	2	3	4

business days

εργάσιμες ημέρες

MO	TU	WE	TH	FR	SA	SU
1	2	3	4	5	6	7
8	9	10	11	12	13	14
15	16	17	18	19	20	21
22	23	24	25	26	27	28
29	30	31	1	2	3	4

weekend

Σαββατοκύριακο

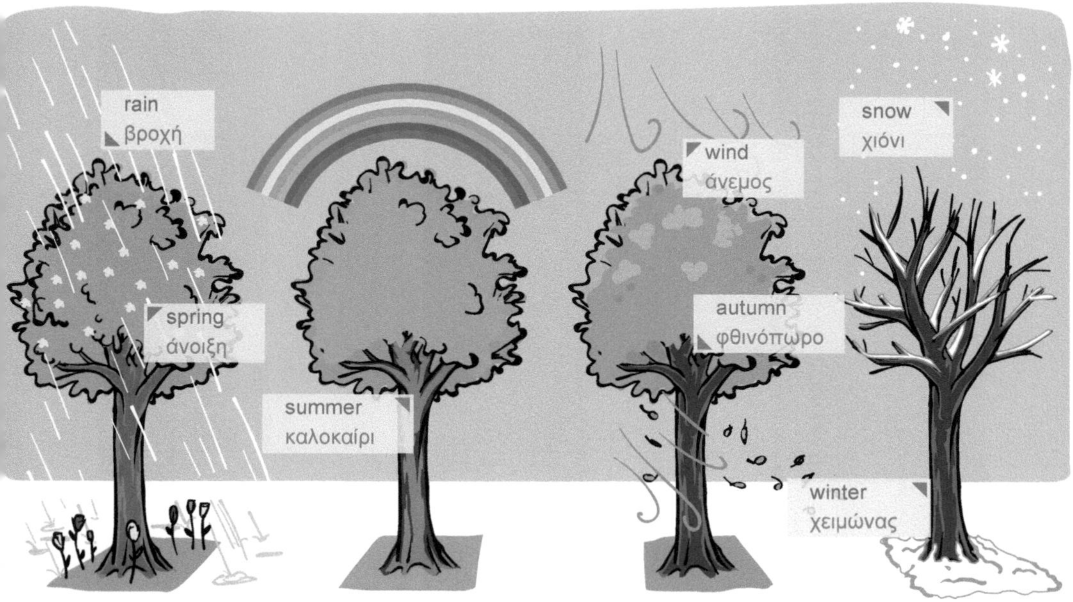

rain
βροχή
spring
άνοιξη
summer
καλοκαίρι
wind
άνεμος
autumn
φθινόπωρο
snow
χιόνι
winter
χειμώνας

4.APRIL 11°
5.APRIL 4°
6.APRIL 13°
7.APRIL 8°
8.APRIL 10°

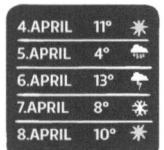

weather forecast

πρόγνωση καιρού

F
C
120
90
60
30
0
-30
40
30
20
10
0
-10
-20

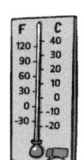

thermometer

θερμόμετρο

sunshine

λιακάδα

cloud

σύννεφο

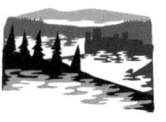

fog

ομίχλη

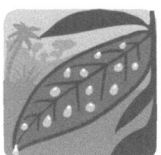

humidity

υγρασία

lightning

αστραπή

thunder

κεραυνός

storm

καταιγίδα

hail

χαλάζι

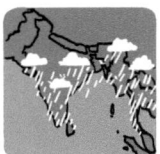

monsoon

μουσώνας

flood

πλημμύρα

ice

πάγος

January

Ιανουάριος

February

Φεβρουάριος

March

Μάρτιος

April

Απρίλιος

May

Μάιος

June

Ιούνιος

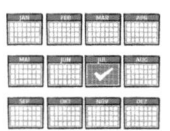

July

Ιούλιος

August

Αύγουστος

year - έτος

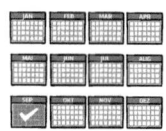

September

....

Σεπτέμβριος

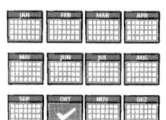

October

....

Οκτώβριος

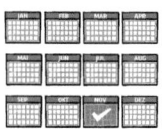

November

....

Νοέμβριος

December

....

Δεκέμβριος

shapes
σχήματα

circle

....

κύκλος

square

....

τετράγωνο

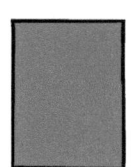

rectangle

....

ορθογώνιο
παραλληλόγραμμο

triangle

....

τρίγωνο

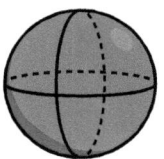

sphere

....

σφαίρα

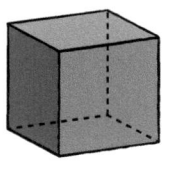

cube

....

κύβος

white

άσπρο

yellow

κίτρινο

orange

πορτοκαλί

pink

ροζ

red

κόκκινο

purple

μωβ

blue

μπλε

green

πράσινο

brown

καφέ

grey

γκρι

black

μαύρο

a lot / a little

πολύ / λίγο

angry / calm

θυμωμένος / ήρεμος

beautiful / ugly

όμορφος / άσχημος

beginning / end

αρχή / τέλος

big / small

μεγάλος / μικρός

bright / dark

φωτεινός / σκοτεινός

brother / sister

αδελφός / αδελφή

clean / dirty

καθαρός / λερωμένος

complete / incomplete

πλήρης / ατελής

day / night

ημέρα / νύχτα

dead / alive

νεκρός / ζωντανός

wide / narrow

φαρδύς / στενός

edible / inedible

βρώσιμος / μη βρώσιμος

evil / kind

κακός / ευγενικός

excited / bored

ενθουσιασμένος / βαριεστημένος

fat / thin

παχύς / λεπτός

first / last

πρώτος / τελευταίος

friend / enemy

φίλος / εχθρός

full / empty

γεμάτος / άδειος

hard / soft

σκληρός / μαλακός

heavy / light

βαρύς / ελαφρύς

hunger / thirst

πείνα / δίψα

ill / healthy

άρρωστος / υγιής

illegal / legal

παράνομος / νόμιμος

intelligent / stupid

έξυπνος / χαζός

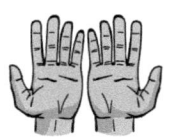

left / right

αριστερός / δεξιός

near / far

κοντινός / μακρινός

new / used
καινούριος /
μεταχειρισμένος

nothing / something
τίποτα / κάτι

old / young
γέρος | νέος

on / off
αναμμένος / σβηστός

open / closed
ανοιχτός / κλειστός

quiet / loud
χαμηλόφωνος /
μεγαλόφωνος

rich / poor
πλούσιος / φτωχός

right / wrong
σωστός / λανθασμένος

rough / smooth
τραχύς / λείος

sad / happy
λυπημένος / χαρούμενος

short / long
κοντός / μακρύς

slow / fast
αργός / γρήγορος

wet / dry
υγρός / στεγνός

warm / cool
ζεστός / δροσερός

war / peace
πόλεμος / ειρήνη

0	**1**	**2**
zero	one	two
μηδέν	ένα	δύο
3	**4**	**5**
three	four	five
τρία	τέσσερα	πέντε
6	**7**	**8**
six	seven	eight
έξι	εφτά	οκτώ
9	**10**	**11**
nine	ten	eleven
εννιά	δέκα	έντεκα

12
twelve

δώδεκα

13
thirteen

δεκατρία

14
fourteen

δεκατέσσερα

15
fifteen

δεκαπέντε

16
sixteen

δεκαέξι

17
seventeen

δεκαεφτά

18
eighteen

δεκαοκτώ

19
nineteen

δεκαεννέα

20
twenty

είκοσι

100
hundred

εκατό

1.000
thousand

χίλια

1.000.000
million

εκατομμύριο

English

Αγγλικά

American English

Αμερικάνικα Αγγλικά

Chinese Mandarin

Μανδαρίνικα Κινέζικα

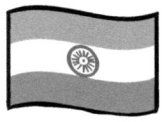

Hindi

Χίντι

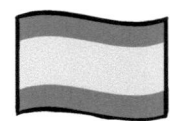

Spanish

Ισπανικά

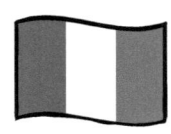

French

Γαλλικά

Arabic

Αραβικά

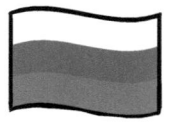

Russian

Ρώσικα

Portuguese

Πορτογαλικά

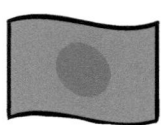

Bengali

Μπενγκάλι

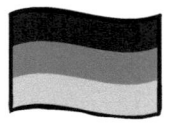

German

Γερμανικά

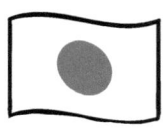

Japanese

Ιαπωνικά

I

εγώ

you

εσύ

he / she / it

αυτός / αυτή / αυτό

we

εμείς

you

εσείς

they

αυτοί / αυτές / αυτά

who?

ποιος / ποια / ποιο;

what?

τι;

how?

πώς;

where?

πού;

when?

πότε;

name

όνομα

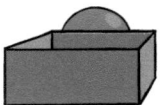

behind

πίσω

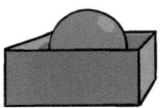

in

μέσα

in front of

μπροστά

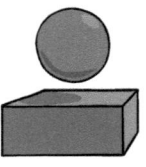

over

πάνω από

on

πάνω

under

κάτω

beside

δίπλα

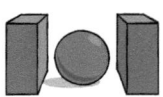

between

ανάμεσα

place

μέρος